BEHEER PER DOELSTELLING

- **Naam:** *Management by objectives* (MBO), Project-management, *management by results*

- **Gebruik:** het model wordt in het bedrijfsleven gebruikt door Human Resources directeuren, verkoopmanagers, operationele managers, projectmanagers, interne en externe consultants, enz. Het maakt het bijvoorbeeld mogelijk voor:

  - Managers om precieze doelstellingen te bepalen voor komende taken binnen het bedrijf, de resultaten te analyseren en beloningen te geven naargelang de prestaties;

  - Collega's om zichzelf prestatiedoelen te stellen.

- **Waarom is deze methode succesvol?** Deze managementstijl is effectief, omdat de stijl een kader biedt voor managers om met werknemers te onderhandelen, een gedragslijn vast te stellen en de te bereiken doelstellingen te bepalen. Het brengt duidelijkheid in de hele hiërarchie van het bedrijf. Bovendien leidt dit systeem, wanneer een werknemer instemt met meer ingewikkelde doelstellingen, tot een beter prestatieniveau dan wanneer hij eenvoudiger doelstellingen krijgt.

- **Trefwoorden:** management, doelstellingen, managementtechnieken

BEHEER PER DOELSTELLING

Het beste uit uw werknemers halen

BEHEER PER DOELSTELLING

Het beste uit uw werknemers halen

geschreven door Renaud de Harlez
vertaald door Nikki Claes

50MINUTES.com

Management by objectives ontstond in de context van economische groei. Veel Amerikaanse bedrijven, die voorheen slecht georganiseerd waren, hebben sinds de jaren 1950 een expansie en decentralisatie gekend. Dit vereist een heroverweging van hun structuur.

Het MBO-proces is opgezet door Peter Drucker (Oostenrijks-Amerikaanse managementtheoreticus, 1909-2005), terwijl hij de organisatie van bedrijven zoals General Motors observeerde. In 1954 publiceerde hij de werken *The Practice of Management*. Een van de hoofdstukken, *Management by Objectives en Self Control*, geeft de eerste definitie van het model. Vijftien jaar later voegde John Humble (een Engelse consultant) zijn bij- drage aan het model toe door een MBO-methode aan te bieden.

Ten slotte bood Octave Géliner (Frans econoom, 1916- 2004) zijn eigen versie van MBO aan: *Participatief Management by Objectives*. Deze methode is gebaseerd op drie elementen: het kennen van de doelstellingen, de structuur en de participatieprocedures. MBO heeft nu een nieuwe vorm aangenomen en is een systeem gewor- den voor management, niet alleen voor organisatie.

 ## Definitie

Management by objectives (MBO) is een proces waarbij het management en de werknemers doelstellingen vaststellen en onderhandelen over de acties en ter- mijnen die nodig zijn om deze te bereiken.

MBO is een hulpmiddel voor managers om een kader te creëren voor onderhandelingen met werknemers. Het is ontworpen om de prestaties van een organisatie te verbeteren door collectieve doelstellingen om te zetten in specifieke en precieze doelstellingen, die zowel de organisatie-eenheid als de individuele werknemers ten goede komen. De resultaten worden regelmatig geëvalueerd en individuen worden dienovereenkomstig beloond. Dit is het enige managementproces dat werknemers mondig maakt, aangezien MBO hen de leiding laat nemen in het organiseren van hun eigen werk op een manier die bij hen past. Wanneer de werknemers deelnemen aan het bepalen van hun doelstellingen, zijn zij meer gemotiveerd en zorgen zij ervoor dat zij hun doelstellingen bereiken.

THEORIE VAN HET CONCEPT

WIE GEBRUIKT DE METHODE?

Van managers tot de hoogste leidinggevenden (in verschillende managementsectoren, zoals marketing, financiën en human resources), iedereen die een managementfunctie heeft, kan *management by objectives* binnen zijn organisatie installeren. Zoals gezegd is MBO het proces waarbij management en werknemers samen doelstellingen bepalen en onderhandelen over de middelen en termijnen die nodig zijn om resultaten te bereiken.

Ontstaan uit het werk van Peter Drucker, variëren MBO en het gebruik ervan aanzienlijk volgens de auteur die het heeft geconceptualiseerd.

Er zijn twee versies vastgesteld:

* MBO kan op een "technocratische" manier worden geïnterpreteerd, waarbij de nadruk ligt op financiële doelstellingen. Alles is gericht op verkoopopbrengsten, kosten of budgetten. Elke afdeling stelt haar eigen cijfermatige doelstellingen vast. Wanneer een van deze doelstellingen niet wordt gehaald, ligt de schuld bij de managers - in dit geval de managers en de algemene richting van het MBO - zonder dat andere doelstellingen in gevaar komen. Deze kunnen bijvoorbeeld worden vastgesteld bij het opstellen van

de begroting: elke afdeling kan haar eigen precieze doelstellingen vaststellen die binnen een bepaalde tijd (bijvoorbeeld per kwartaal) worden geëvalueerd.

- De tweede versie van MBO richt zich op managementrelaties. Het gaat om het creëren van een geformaliseerde regeling tussen managers en werknemers. De uitdaging met MBO in deze context is dat het geen doelstellingen vaststelt of zelfs maar een algemeen plan geeft. Deze twee factoren zijn meer een basis voor de evaluatie van het werk tussen de manager en de werknemers. In dit geval is de toepassing van MBO voorbehouden aan sectoren zoals human resources, waar geen precieze doelstellingen vereist zijn. In (wederzijds georganiseerde) gesprekken wordt specifiek tijd uitgetrokken voor het bespreken van de doelstellingen van de werknemers en de doelstellingen die niet noodzakelijkerwijs zijn vastgesteld gezien de globale strategie van de onderneming en haar aanvankelijke visie. Ze worden bepaald aan de hand van de zwakke en sterke punten van de werknemers. Alles komt neer op communicatie.

WELKE VERSIE MOET IK GEBRUIKEN?

Moet u de voorkeur geven aan financiële planning of aan managementrelaties? Als deze twee versies niet verenigbaar zijn, is het moeilijk ze tegelijkertijd toe te passen. Bovenal is MBO een instrument voor de deelnemers – managers, directeuren en algemeen directeuren. Het is aan hen om de meest geschikte versie van MBO te kiezen.

Wat is een MBO-programma?

Een *'management by objectives'*-programma bestaat uit vier hoofdbestanddelen:

- (A) validering van specifieke doelstellingen
- (B) participatieve besluitvorming
- (C) een vanaf het begin vastgesteld tijdschema
- (D) feedback over de prestaties

Laten we als voorbeeld eens kijken naar een bedrijf dat zijn activiteiten wil uitbreiden.

- Er moeten specifieke en precieze doelstellingen worden vastgesteld (A) om dit doel te bereiken. Een luchthaven zou bijvoorbeeld het MBO-programma kunnen gebruiken om te bepalen wat nodig is om het aantal klanten met 3,5% te verhogen om het aantal *boarding gates* in de loop van het jaar van 12 naar 14 te verhogen. Zij kan ook plannen maken om haar vrachtactiviteiten nieuw leven in te blazen door nieuwe gebouwen te kopen en vijf van haar oudere vliegtuigen te renoveren.

- De besluitvorming moet participatief zijn (B). Managers van verschillende afdelingen van de luchthaven moeten samen beslissen welke doelstellingen worden vastgesteld en welk tijdschema nodig is om ze te bereiken.

- De managers schatten dat dit voor de gestelde doelen drie jaar zal duren. Het tijdschema is dus van meet af aan vastgesteld.

- Ten slotte moet voor dit programma een prestatie-evaluatie (D) met betrekking tot de doelstellingen worden gepland. De luchthavendirecteuren organiseren vergaderingen met de managers over de vooruitgang van de werknemers in hun afdelingen. Dit gebeurt pas aan het einde van de vastgestelde termijn voor het bereiken van de doelstellingen. Managers en werknemers moeten regelmatig precieze doelstellingen vaststellen om hun inspanningen te kunnen meten en controleren. Feedbackbijeenkomsten worden georganiseerd nadat de voortgang van het programma is geanalyseerd en de mening van de directeuren en hun ondergeschikten is ontvangen. Tijdens de feedbackvergaderingen kunnen ook beloningen worden gegeven.

IS DIT SYSTEEM ECHT EFFECTIEF?

Er is geen eenvoudig antwoord op deze vraag. In een aantal publicaties wordt het MBO-model niet gesteund. De meerderheid is het echter eens met de volgende stelling: de toepassing van MBO kan in sommige gevallen een positief effect hebben op de prestaties van de werknemers.

Het is essentieel dat de werknemers het eens zijn met de gestelde doelen. Als dat zo is, zal het stellen van nog hogere doelen altijd tot betere prestaties leiden dan het stellen van eenvoudiger doelen. Zelfs als de werknemers die met de doelstellingen hebben ingestemd deze niet altijd halen, is hun prestatieniveau toch hoger. Om dit resultaat te bereiken moet met drie factoren rekening worden gehouden:

- **Het belang van feedback.** Om prestaties te verbeteren, moet de betrokkene op het juiste moment doeltreffende feedback krijgen. Zo kunt u de inspanningen van het individu meten en realiseren, maar ook de moeilijkheidsgraad van de doelstellingen – te hoog of te laag – bijstellen.

- **Participatie.** Worden gestelde doelen vaker bereikt wanneer zij door het management of door samenwerking zijn vastgesteld? Hoe verrassend het ook lijkt, studies hebben aangetoond dat er geen verschil is tussen beide gevallen. Zowel doelstellingen waartoe in samenwerking is besloten als doelstellingen die door het management zijn vastgesteld, leiden tot vergelijkbare resultaten. Daarom is participatie geen bepalende factor. Het belangrijkste is dat de werknemers de doelstellingen aanvaarden, zonder er noodzakelijkerwijs aan bij te dragen. Er moet echter op worden gewezen dat het gezamenlijk vaststellen van doelstellingen het mogelijk maakt dat individuen betrokken zijn en soms hogere doelstellingen voor zichzelf vaststellen dan managers.

- **Betrokkenheid van directeuren.** Het is ook van vitaal belang dat de bedrijfsdirecteuren bij het proces worden betrokken, omdat dit de managers die verantwoordelijk zijn voor de afdelingen het vertrouwen geeft om de doelstellingen te halen.

DE ROL VAN WERKNEMERS IN MBO

U zult leren dat het verbeteren van de prestaties in een bedrijf met behulp van MBO vereist dat de werknemer zijn doelstellingen erkent. Het is even belangrijk dat de managers in elke afdeling duidelijk uitleggen welke actie nodig is om ze te bereiken. Het vaststellen van deze doelstellingen is een topmanagementvaardigheid. Om het te doen, moet u bepaalde stappen volgen:

Wat moet ik doen?

Elke werknemer krijgt taken en doelstellingen toegewezen. De toewijzing kan bijvoorbeeld gebaseerd zijn op de kwalificaties van de werknemer.

Hoe motiveer ik mijn werknemers?

Eerst moet u het prestatieniveau van de betrokken werknemers vaststellen. Vervolgens kunt u de doelstellingen vaststellen waaraan zij moeten voldoen en de termijn vaststellen waarbinnen zij hun doelstellingen moeten verwezenlijken. De manager moet altijd realistisch zijn bij het inschatten van de tijd die nodig is om ze te voltooien.

De werknemer actief betrekken

Ook al heeft het vorige hoofdstuk ons geleerd dat het prestatieniveau van de werknemers niet verschilt naargelang de doelstellingen door het management of in samenwerking worden vastgesteld, toch biedt het betrekken van de werknemers één voordeel: zij zullen de doelstellingen gemakkelijker aanvaarden. Deze betrokkenheid moet echter oprecht zijn. Als een manager de tijd neemt om de werknemers te raadplegen bij het vaststellen van de doelstellingen, moet hij ook daadwerkelijk naar hun mening luisteren. Doet hij dat niet, dan kan dat de prestaties negatief beïnvloeden.

Hun doelstellingen prioriteren

Het is belangrijk om de gestelde doelen in volgorde van moeilijkheidsgraad en belang te sorteren, zodat de werknemers ze dienovereenkomstig aanpakken. Enerzijds wordt zo vermeden dat sommige werknemers alleen de gemakkelijkere taken aanvaarden en de andere laten liggen. Anderzijds is het ook een manier om de personen te erkennen die bereid zijn de moeilijkere taken aan te pakken (ook al worden ze uiteindelijk niet helemaal gehaald).

Belangrijke feedback

Regelmatige feedback, via bijeenkomsten die worden georganiseerd tussen individuen en managers om hun tot nu toe gedane werk te evalueren, is bijzonder belangrijk. Zo weten werknemers of hun inspanningen voldoende zijn voor de hun opgedragen taken.

De uiteindelijke beloning

In ruil voor hun inspanningen wacht de werknemers een beloning. Het is echter belangrijk hen duidelijk te maken dat de beloning gekoppeld is aan het aantal voltooide doelstellingen en niet alleen aan het aantal uren dat eraan is besteed. Op die manier stijgt de tevredenheid van de werknemers.

GRENZEN EN UITBREIDINGEN VAN HET MODEL

GRENZEN EN KRITIEK VAN HET MODEL

* **De onzekerheid van de sector.** MBO heeft enkele beperkingen indien het wordt toegepast op een te onstabiele sector. In feite zou de invoering van het model het zo ingewikkeld maken dat het ondoeltreffend zou worden. Zo zijn sectoren die verband houden met creativiteit (bijvoorbeeld innovatie, onderzoek en ontwikkeling en artistieke productie) onverenigbaar met het model, omdat het moeilijk is doelstellingen te bepalen. Kan een onderzoeker zijn onderzoek echt organiseren volgens vaste doelstellingen? Gezien de aard van zijn werk zouden doelstellingen irrelevant zijn.

* **De evolutie van werkstructuren.** Bedrijven stappen langzaam af van de traditionele structuren: werknemers worden veelzijdiger, zijn steeds meer afhankelijk van anderen voor de doelstellingen die hun zijn opgelegd, zijn nu toegewezen aan meerdere onderdelen van het organigram, enz. Deze veranderingen brengen MBO in gevaar, omdat werknemers niet langer door één persoon worden geleid, wat het gebruik van MBO sterk bemoeilijkt.

* **De evolutie van werkomgevingen.** Onze maatschappij heeft sinds het ontstaan van het MBO vele evoluties

gekend. In het begin maakten managers langetermijnplannen die systematisch te optimistisch waren. Bovendien hebben de crisissen zich intussen vermenigvuldigd (bijvoorbeeld: de energiecrisissen in het begin van de jaren zeventig of de financiële crisis van 2009). Deze evoluties, waaronder veel technologische vooruitgang, verstoorden de bestaande orde en dus ook de visies van de managers. De vooraf opgestelde plannen zijn niet langer geschikt.

Buiten de structurele grenzen van het proces heeft MBO zijn critici, zoals William Edwards Deming (Amerikaans arts en statisticus, 1900-1993). Volgens hem heeft de toepassing van MBO een negatief effect op de kwaliteit van het werk van de werknemers. De werknemer probeert tegen elke prijs het gestelde doel te bereiken, zonder aandacht te besteden aan de kwaliteit van het werk. Anderen zeggen dat, als MBO persoonlijke prestaties motiveert, het niet noodzakelijk gunstig is voor het team als geheel: de werknemer kan zich te veel richten op de taken die hij heeft en de algemene doelstellingen van het bedrijf vergeten.

In de praktijk is het mogelijk sommige van deze problemen op te lossen. Daartoe moeten managers aandringen op de kwaliteit van al het werk. Een autoverkoper moet bijvoorbeeld niet alleen kijken naar het aantal verkochte auto's, maar ook naar het aantal verkopen van hoogwaardige modellen. Om deze resultaten te vermijden, moeten managers altijd toezicht houden op de activiteiten en de doelstellingen herzien om er zeker van te zijn dat ze nog relevant zijn.

UITBREIDINGEN EN SOORTGELIJKE MODELLEN

SMART-doelstellingen

Dit is een geheugensteun voor het MBO-model. De SMART-methode wordt vaak gebruikt door managers om hen te helpen bij het uitvoeren van hun projecten. Zij kan ook worden geïntegreerd in *management by objectives*. Een doelstelling omvat een indicator waarmee u individuele en collectieve prestaties kunt meten. Deze prestatie-indicator moet **S**pecifiek, **M**eetbaar, **B**ereikbaar, **R**ealistisch en **T**ijdgebonden zijn. Met andere woorden, een doelstelling moet SMART zijn.

Participatief beheer

Deze managementbenadering gaat in tegen de wetenschappelijke visie op het werk en richt zich op de beperkte visie op de mens. Participatief management is gebaseerd op het idee dat de werknemer geen werktuig is, maar een psycho-emotioneel subject. Het bedrijf is ook een plaats waar sociale voorstellingen worden gecreëerd. Theoretici van dit concept bevestigen het belang van de ontwikkeling van een "menselijke dimensie" van het bedrijf. Dit zou kunnen gebeuren met participatiecirkels of ideeënbussen. Het punt van deze evolutie is dat managers hun doelstellingen gemakkelijker kunnen bereiken als zij het team zelf erbij betrekken. Om deze managementmethode in te voeren, moeten de beginselen in verband met eerlijk beheer in acht worden genomen.

Eerlijk beheer

De beginselen van *fair management* zijn gebaseerd op een evenwicht tussen economische prestaties en respect voor het individu. Deze opvatting is gericht op een win-winrelatie tussen managers en werknemers. Door te kiezen voor dit type management hoopt de onderneming een ambitieuze en samenhangende dynamiek tot stand te brengen die zinvol is en gebaseerd is op een duidelijke, aangepaste, coherente en vooruitstrevende organisatie. Het belangrijkste voordeel van deze methode is het gebruik van energie en teamtalent. Interpersoonlijke relaties zijn gebaseerd op wederzijds respect en erkenning, niet op een hiërarchie. Ten slotte bevordert *fair management* een proactief management dat in staat is effectieve veranderingen door te voeren en dat een sterk gevoel voor ethiek en sociale verantwoordelijkheid heeft.

Op waarde gebaseerd beheer

Dit type management verscheen vóór MBO. Het is een theorie die gebaseerd is op het idee van bedrijfscultuur. Het is belangrijk om te weten dat dit type management niet bedoeld is om de waarden van het bedrijf te veranderen en dat het er niet om gaat de bedrijfscultuur te veranderen. In plaats daarvan is het belangrijkste punt van waardegericht management het gebruik van de cultuur binnen het bedrijf om de prestaties te verbeteren.

Competentiegericht beheer

Zoals de naam al zegt, is dit type management gebaseerd op de vaardigheden van elk individu dat het bedrijf bestuurt, zonder deze te managen of te ontwikkelen. Elke werknemer moet één of enkele specifieke vaardigheden ontwikkelen ten behoeve van de structuur die hem in dienst heeft. De bedoeling van deze aanpak is het menselijk kapitaal van het team te versterken, wat goed werk vereist op het gebied van human resources – de nadruk ligt op het gebruik van de vaardigheden van individuele werknemers ten behoeve van het team.

TOEPASSINGEN VAN HET CONCEPT

ADVIES

Dit hoofdstuk bundelt de stappen die zijn gezet om het proces van *management by objectives* effectief toe te passen. Concrete voorbeelden van de toepassing demonstreren elke stap.

De doelstelling formuleren

Bij deze eerste stap wordt het te bereiken resultaat nauwkeurig omschreven en wordt een evaluatiemethode uitgewerkt waarmee kan worden gemeten en worden nagegaan in hoeverre het resultaat is bereikt. In dit stadium kunnen de drie vragen (wie, wat, wanneer) het denkproces sturen.

Voorbeeld:

- **Wie?** Een online website voor het bestellen van maaltijden.

- **Wat?** Het bedrijf wil zijn klantenkring met 15% vergroten.

- **Wanneer?** Binnen een jaar.

Specificatie van de doelstellingen

De voorbeelddoelstelling kan worden ingeperkt door het verloop van de actie en de instrumenten en ondersteuning die nodig zijn om deze te bereiken, te specificeren. Zo worden één of enkele managers aangewezen om de doelstelling(en) te verwezenlijken en worden tussentijdse termijnen vastgesteld.

Voorbeeld: onze website voor het bestellen van maaltijden besluit online publiciteit te gebruiken om zijn doel te bereiken.

- Er wordt een beheerder gekozen om toezicht te houden op de aankoop van advertentieruimte op sites die met Google verbonden zijn.

- Aan het eind van de eerste drie maanden is een eerste evaluatie van de vorderingen gepland.

Zes kernwoorden voor een correct gebruik van het plan

Naast het stellen van doelen is het ook belangrijk deze zes kernwoorden in gedachten te houden:

- duidelijkheid

- relevantie

- meetbaarheid

- deadline

- haalbaarheid

- acceptatie.

Voorbeeld

In het geval van ons bedrijf moet de manager van de reclameafdeling alle volgende vragen stellen.

- Is het verwachte resultaat concreet, herkenbaar en begrijpelijk en laat het ruimte voor interpretatie?
- Is het relevant voor het bedrijfsbeleid en coherent met andere beslissingen?
- Heeft het indicaties die het controleerbaar maken?
- Is de termijn een precieze datum voor het bereiken van de algemene doelstelling of afzonderlijke termijnen voor elke actie?
- Zijn de middelen voor tussentijdse acties toereikend (specificatiefase) en zijn de managers in staat deze te verwezenlijken?
- Zijn de mensen die verantwoordelijk zijn voor de uitvoering van de doelstellingen het ermee eens?

De beheersing van deze factoren kan op twee manieren gebeuren: de regulering van het proces en het volgen van de voortgang.

Zodra al deze vragen zijn gesteld, kan de manager contact opnemen met zijn team om vergaderingen te organiseren om participatieve besluitvorming aan te moedigen. In het geval van het voorbeeldbedrijf zullen vergaderingen worden georganiseerd met het hele marketingteam. Iedereen kan dan zijn eigen ideeën naar voren brengen. In dit stadium is het van vitaal belang om het belang van deze vergaderingen te onthouden. De manager die ze heeft voorbereid en georganiseerd verwacht echte voordelen die bijdragen tot het bereiken van de bedrijfsdoelstelling.

Feedback

Deze feedback moet niet alleen plaatsvinden aan het einde van de termijn die is gegeven om de doelstellingen te bereiken. Gedurende het hele proces kunnen regelmatige bijeenkomsten worden gepland om de haalbaarheid van de gestelde doelen te controleren aan de hand van de werkdruk die aan de werknemers is gegeven.

Voorbeeld

Er worden regelmatig vergaderingen georganiseerd tussen de manager die verantwoordelijk is voor het reclameproject en de andere directeuren. Tijdens deze vergaderingen wordt beoordeeld of de aan de afdeling verstrekte middelen toereikend zijn om de gestelde doelen te bereiken.

Beloningen

Als het geleverde werk van goede kwaliteit is, kan het worden beloond. Het is ook belangrijk dat de werknemer die de doelstellingen heeft gekregen, begrijpt dat deze beloning rechtstreeks verband houdt met de voltooiing ervan.

PRAKTIJKVOORBEELD

Laten we eens kijken naar een voorbeeld van de toepassing van MBO, en van management in het algemeen, in twee bedrijven die vandaag de dag wereldwijd bekend zijn. U zult zien dat deze toepassingen zeer verschillend kunnen zijn naargelang de wijze waarop de managers de theorieën in verband met MBO hebben toegepast.

Apple

Tussen 1997 en 2001, toen Steve Jobs (1955-2011) directeur was van Apple, was de organisatiestrategie van het bedrijf gebaseerd op een sterke centralisatie van informatie. Iedereen kreeg orders van diezelfde ene persoon, die informatie liet circuleren zoals het bedrijf dat wilde. In termen van MBO werden de doelstellingen vastgesteld door één persoon, die vervolgens de eisen doorgaf aan elk van de managers:

- De doelstellingen van de managers, die rechtstreeks afhankelijk waren van de persoon aan de top van de bedrijfshiërarchie, werden vastgesteld door hun superieuren;

- De werknemers volgden de bevelen van hun managers op.

De managers hadden weinig keuzevrijheid bij het bereiken van hun doelstellingen.

Deze methode bewees zichzelf in termen van efficiëntie en snelheid. Als er een fout werd gemaakt:

* Konden de verantwoordelijken snel ontdekken waar de fout was gemaakt;

* Was het effect op het gedrag van werknemers van verschillende afdelingen direct. Dit soort gebeurtenissen vormt de bedrijfscultuur en dwingt werknemers om het eindproduct te produceren.

Het model heeft echter zijn beperkingen. Het is bijvoorbeeld moeilijk voor degene die het bedrijf leidt om alle aspecten te beheren, vooral wanneer de aangeboden producten zo gevarieerd zijn. Het bewijs is dat alle producten van Apple niet van dezelfde kwaliteit zijn: de eerste generatie Apple TV of MobileMe zijn minder succesvol dan de andere producten van het bedrijf.

Google

De Google-methode, een pionier van "Management 2.0", biedt een toepassing van MBO die heel anders is dan het eerste voorbeeld.

Het bedrijf is altijd bekend geweest om zijn aanwervingsbeleid dat academici sterk bevoordeelt. De oprichters, de geniale informatici Larry Page en Serguei Brin, beiden geboren in 1973, zijn zelf de recruiters. Een tijd lang was het belangrijkste criterium om er een baan te krijgen het hebben van een doctoraat, omdat dit autonomie van werknemers zou garanderen. Academici zijn namelijk gewend om alleen te werken en productief te blijven. Het systeem van Google is veel meer gedecentraliseerd dan dat van de meeste andere bedrijven: in plaats van op hiërarchie is het gebaseerd op een groot aantal individuen. In sommige opzichten is dit systeem zeer effectief geweest, omdat het Google in staat heeft gesteld een aantal diensten, zoals Gmail of Google Reader te ontwikkelen. De behoefte aan een algemene en hiërarchische organisatie is Kleiner, omdat het systeem gebaseerd is op het vermogen van elk individu om zijn eigen doelstellingen te bepalen.

Nogmaals, dit systeem heeft zijn gebreken. Een gedecentraliseerde onderneming, zonder gecoördineerde leiding, die voortdurend in beweging is en de geleverde inspanningen ondermijnt, kan uitdraaien op een ramp. In dit geval werden de belangrijkste beperkingen gezien:

- In de voortgang van bepaalde projecten van het bedrijf. Zo ontbrak het sommige diensten aan duidelijk omschreven gesprekspartners en leken deze diensten versnipperd.

- Toen het bedrijf groeide en het nodig was om het organisatiesysteem te herzien. Sindsdien is Google gestopt met het werven van alleen promovendi. Ook de managementmethoden en het proces van doelen stellen zijn veranderd.

SAMENVATTING

- *Management by objectives* (MBO) is een proces waarbij lijnmanagers en hun personeel doelstellingen vaststellen en onderhandelen over de acties en het tijdschema om deze te verwezenlijken.

- Dit concept dook voor het eerst op in de jaren vijftig, toen Amerikaanse bedrijven grote moeite hadden om een duidelijke organisatie neer te zetten.

- Referentieboeken: *Management by Objectives* van Peter Drucker, *Management by Objectives in Action* van John William Humble en *Direction participative par objectifs* van Octave Gélinier.

- Voordeel: als MBO correct wordt toegepast, kan het de prestaties van een organisatie en de tevredenheid van de werknemers verbeteren.

- Nadeel: dit type management is moeilijk toe te passen in een onstabiele omgeving en kan zich niet aanpassen aan de evoluties van de werkomgeving.

- Uitbreidingen: SMART-modellen, participatief beheer, waardegericht beheer en competentiegericht beheer.

- Advies: volg de SMART-methode: een doelstelling moet **S**pecifiek, **M**eetbaar, **H**aalbaar, **R**ealistisch en Tijdgebonden zijn.

- MBO is ontworpen voor HR-managers, verkoopmanagers, operationele managers, projectmanagers, interne en externe consultants, enz.

BIBLIOGRAFIE

Alexandre-Bailly, F., Bourgeois, D., Gruère, J-P., Raulet-Croset, N., Roland-Lévy, C. en Tran, V. (2013) *Comportements humains et management.* [4de editie]. Londen: Pearson.

Amaury. (2012) Management d'entreprise : trois exemples que tout oppose. *De geek à directeur technique.* [Online]. [Geraadpleegd op 25 juni 2014]. Beschikbaar op: < http://www.geek-directeur-technique.com/2012/07/04/management-dentreprise-trois-exemples-que-tout-oppose>

Delavallée, E. (2009) Management par les objectifs. *Manager-par-les-objectifs.fr.* [Online]. [Geraadpleegd op 25 juni 2014]. Beschikbaar op: < http://www.manager-par-les-objectifs.fr/>

Drucker, P. (1954) *The Practices of Management.* New York: Harper & Row.

Gélinier, O. (1980) *Direction Participative Par Objectifs.* Parijs: Éditions Hommes et techniques.

Guilbert, P. (2008) *Le B.A.-Ba du management.* Brussel: De Boeck.

Humble, J. W. (1970) *Management by objectives in action.* Londen/New York: McGraw-Hill Book Co Ltd.

Pericchi, J. (1992) *Guide du Management.* Parijs: Édition du Seuil.

Robbins, S. en Decenzo, D. (2004) *Management. L'essentiel des concepts et des pratiques.* Londen: Pearson Education.

Rodgers, R. en Hunter, J. E. (1991) Impact van management by objectives op organisatieproductiviteit. *Journal of Applied Psychology.* 76(2).

Stahl, R. (2013) *Management, formation et travail en équipe. Pratiques issues du coaching et de l'intelligence collective.* Brussel: De Boeck.

We horen graag van u! Laat
een reactie achter op jouw online bibliotheek
en deel je favoriete boeken op sociale media!

MASLOW'S
HIERARCHY
OF NEEDS
Gain vital insights into
how to motivate people
Personal
accomplishment
Esteem
Belonging
Security
Physiologic
THE SWOT
ANALYSIS
Internal factors
Strengths
Weaknesses
SWOT
Opportunities
Threats
External factors

Master ISBN: 9782808063975
Papier ISBN: 9782808064262
Wettelijk depot: D/2022/12603/71

Digitaal ontwerp: Primento,
de digitale partner van uitgevers.